إبتلاء إن انتا مصري

طارق التريري

طارق التريري, Published by 2022.

إبتلاء إن انتا مصري

First edition. July 7, 2022.

ISBN: 979-8223388043

Written by طارق التريري.

Also by طارق التريري

طارق التريري: الأعمال الكامله
قلبي اللي عِشقِك
على باب الله
على باب الله
لما كانت مصر دوله

Standalone
التُهمه عربي
الصُبح في بلادي
إنفصامستان
سُلطان العاشقين
في بلاد الأي حد
قُليل لما بشتاقلي
كُل العساكر كدابين
دم الحُسين
دوايرك
عند باب الحلم
ذكريات الميدان
لاجديد
خاسر
صباح القُدس
وجع القصيده

فارس بلا مُهره
شهريار لم الحكايه
لا جديد
ماكبرتش ومش عايز اكبر
قادر ربك يفرجها
إبتلاء إن انتا مصري

Watch for more at tarqablog.blogspot.com.

لكُل مُحبي الشعر

حلمنا وحلمك عشناها

إغزل الآحلام معانا
ضُم خلي الصف واحد
واوعى ترضالها المهانه
مهما طال الليل حتُشرُق
شمسها وتوصل خُطانا
للنهايات السعيده
بس ننوي وبأمانه
حلمنا حيكون عشانها
عِشقنا هيا وهوانا
عم ياعاشق البهيه
ضُم يلا وكون معانا
ضُم خلي الكلمه واحده
في الميدان ويكون لُقانا

سلمولي ع الجنيه

سلمولي عليه
سلمولي تسلمولي
سلمولي ع الجنيه
ورا مصنع الكراسي
حد بيصوت ياقاسي
أبقى حُط كريم عليه
قُلت اشوف أيه الحكايه؟
بس وعرفت الروايه
الدولار فاشخ الجنيه
قُلت اصحيها الحكومه
اللي غايبه ف أحلى نومه
هايمه تسمع تيتا سومه
يلحقُم شرف الجنيه
قالي رايحه فين ياخاله؟
وفري يا اختى القواله
مُش حيصحوا ودا استحاله
وانا متعود عليه
وسلمولي عليه
سلمولي تسلمولي
سلمولي ع الجنيه

تعبان

تعبان أكتر مايمكن
أو يعنيه التعب
وملامحي بتغادرني
ولا عارف ايه السبب
سوداوي مزاجي جداً
كُل مافيا اكتئب
والدُنيا معايا عامله
كما قوات الشغب
أول ما ب اكُح تيجي
حفله ويلا انضرب
ولحد ما اجيب ف أخري
فيودوني التُرب
ف افرح راح يدفنوني
فيقولك لأا لسا
دا لازم ينضرب

في انتظار ياعدل

في انتظار ياعدل تسطع
أويكونللك يوم وجود
في البلاد اللي استباحها
افاقيين شِلة قرود
صاروا هُما العِز فيها
واحنا في (جيتو) اليهود
صِرنا لاجئين البلددي
أونموت كده ع الحدود
هربانين م الذُل فيها
ليل نهار لطم الخدود
في انتظار ياعدل تسطع
أويكونللك يوم وجود
في البلاد اللي استباحت
دمنا وبدل الوعود
إن بُكرا الحلم يطرح
طرحها كان البارود
من عساكر حوطوها
بالمدافع والجنود
حاربوا فينا ودمرونا
ك اننا إحنا اليهود
وانتصارهُم بس فينا
والتشفي بدون حُدود
والغرام يفنونا تماً
نتمحي من دا الوجود
تبقى مصر وبس ليهُم
يقسموها مع اليهود

100مليار سنه

ب اكبر في الليله أكتر
من 100 مليار سنه
يملاني الشيب وعضمي
يدخُل في المطحنه
وادخُل مُدن انكساري
وتجف السوسنه
وعديدي يطوول وتنِدِب
جوايا المحزنه
ورصدي خلاص بيخلص
من صبر ومنُغنا
في ليالي الحُزن وحدي
وحدي الهالك أنا
مستني يدُق بابي
أوتطرح سوسنه
أوليله حنيني يخلص
لغوايتي المُزمنه
إني أقلِب دفاتري
(بشجون) لايام ماكُنت أنا
القادر على المُناهده
ومأمِل في الغُنا
في الشعر وفي الراويه
وبواجه المطحنه
باحلام تكسر سمومها
واتحداها بُغنا
دلوقتي خلاص ماعُدتِش
مُغرم حتى ب أنا

لسا ف نفس الساقيه ياجدي

لسا ف نفس الساقيه ياجدى
بس العسكر بقوا باشوات
لأ مُش حرب ياجدي دا بزنس
هُما خلاص فيه الأغوات
كُل حروبهُم بس علينا
إحنا يهودهُم والخواجات
مصر خلاص حاوطوها عشانهُم
واحنا عشان فرض الأتوات
لما يحب يشبرق نفسه
الباشا يقلب أُمك هات
وان مامعاكش يهدوا بيوتنا
واحنا نروح بقى مُعتقلات
لوكان عندك واسطه مامُتش
جوا اقسام الإنتهاكات
فُزت ياجدي ورب الكعبه
لما بقيت كده م الأموات

جمهورية الكراتين

وحلولو خلاص بقت الكراتين
كُل مايتزنقوا يروح فاتحين
مخزن واتنين أو قول خمسين
ويطنطن يلا خلاص نازلين
ويلموا الشله وخُد بلالين
ومُذيعه اتنين قول كده ألفين
وبرنامج هَلس وناس عاشقين
تعريص ناوينو ليوم الدين
وكلام عن ريس كُلو آنين
بيعيط أوي ع المصريين
متأثر أوى كده بالمساكين
وحلولو بسيطه وعقلو مكين
وبقينا خلاص بلد الكراتين

فيك ما عادشي

لما تلبس أي حاجه
بعد ماركه وأغلى حاجه
والعطور راحت وخلصت
مُش باقيلك أي حاجه
ثُم لما تجوع بتاكُل
أي لُقمه بأي حاجه
وان مافيش بتاكُلها فاضيه
لُقمه حاف بلا أي حاجه
ثُم تعرف بعد فتره
إن بُكره مافيهش حاجه
وانو جاي كالعاده وحدو
لابو عود ولا أي حاجه
وان كُل العُمر عدى
في البلد دي ماخدت حاجه
وان عُمرك كُلو عشتو
في البلد دي كأي حاجه
وان وطنك ل اللي حاكم
والبطانه وكُل حاجه
رايحه ليهُم ولعيالهُم
وانتا ما في أي حاجه
والوطن ينقص وينقص
يبقى زيو كأي حاجه
كُل همك منو تُخرُج
فيك ما عادشي من حاجه

حنصلي العيد غصباً عنكُم

نازلين وحنحي السُنه
بصلاتنا ف يوم العيد
كُل الميادين مليانه
والإيد حتشد الإيد
ويصلي معانا عيالنا
والنار جواكوا تقيد
مصر حتفتح ميادينها
غصباً عنك والسيِد
اللي مشغل أمثالك
كمُجرد بس عبيد
نفتحها وغصباً عنكُم
نازلين ح نصلي العيد
زي ما واصانا نبينا
ونكبر أوي ونزيد
تكبيرنا وذكر الخالق
مهما نيرانكُم بتزيد
من شوفة الناس بتصلي
وبتدعي عليكوا تكيد
شياطينكُم أنتا وهوا
وكتير أمثالكوا عبيد

ليلة القدر

بركاتها الليله هلِت
ف اياك تنسى ف دُعاك
تلعن كُل اللي خانوا
وتزيد لله رجاك
يلعنهم لعن دايم
وتشوف فيهُم مُناك
ف الدُنيا قبل أخره
قبل مانوصل هناك
عند العادل فيؤمُر
بالويل ثُم الهلاك
وعذاب دايم وأبداً
خالدين ومافيش فكاك
عل أد ماعاثوا فينا
ووصلنا للهلاك
أدعي لربك ويقِن
ربك يقبل رجاك
قادر ربك عليهُم
قادر يديك مُناك

بالبُندقيه يابطل

بالبُندُقيه يابطل
مُش بالكلام
أصل اليهود مابيعرفوش
كلمة سلام
دا ف بقره جادلوا ربنا
وما ادوش تمام
ولاقالوا أمرك ربنا
رب الآنام
ومصدق انتا المهزله
وسايب اللجام
لصهاينه تركب تقنعك
حيكون سلام
ويُصدق معاك اللي افترى
وحرف كلام
رب الخلايق كُلها
ويديك سلام
راجع كتابك يابطل
واوعى الظلام
يعمي البصيره تصدقو
وترمي الحُسام
بالبُندُقيه يابطل
مُش بالكلام
واوعى الصهاينه
تدخلك وهم السلام
مالو هُمش كلمه
وطبعُم غدر ولئام
وف بقره جادلوا ربنا
وزادوا الكلام

دي فلوس الأُمه يامُسلم

دي فلوس الأُمه يامُسلم
لا لزايد ولالسعود
يلعب غُلمانهُم بيها
يتمتع بيها يهود
وبنوكهُم تدي المُسلم
لو على دينهُم في قروض
يدفع هوا وأحفادوا
في ديون ولا ليها حدود
ومشايخ يفتوا العزبه
لأ دوله وليها حدود
هيا المالك مواردها
وبقية الأُمه بعوض
وزمان المهدي قُريب
ومسيرها فلوسنا تعود
يقسمها مابين الأُمه
ويزيلها لأُي حدود

كلنا كداب يا أقصى

كُلنا كداب يا أقصى
وكُلنا بياع كلام
كُلنا عامل مُجاهد
وأخرو شوره للمدام
ثوره ع الميديا ومقاومه
ثُم نتلقح ننام
والدُعا لو يوم تيسر
كلمتين وسط الكلام
إنو كان مسرى لنبينا
وأول القبله التمام
ثُم فته وتسقجيه
ولمه حلوه ومية برام
أمه ولافارق معاها
عِزه ولا نار انتقام
كُلهم على دين ملوكهُم
والزعامات السخام
واللي لاسرائيل مطيه
راكبه بتشِد اللجام
وان نطق كده حد فيهُم
يدفنوه ثُم ابتسام
ل اللي بعدو هااا ح تنطق؟
يرتعد يدي التمام
ثُم يهمس للمشايخ
أيوا عُشاق البرام
يفتوا إن الأمر عادي
يدعوا بشوية كلام
كُلو عن حكمة ملوكنا
وائُهم جنحوا لسلام
أما الأقصى فعادي جداً
ينتظر كده ألف عام

وف كُل أرضك ياوطن مطلوب شعوب

وف كُل أرضك ياوطن
مطلوب شعوب
عاشقه الكرامه ومؤمنه
هتفت ح اتوب
رفعت هامتها وصحصحت
كارهاك ياتوب
الذُل لعروش الترف
والعيش يادوب
كبهيمه راضيه مكمله
نحت ف دروب
بتكِد قهر وحُزنها
مالي القلوب
والبادي منها آنها
وكتير كروب
وكبيرها ميديا وبعدها
في النوم تدوب
تحلم بغيرها يثورلها
ويملا الجيوب
ب فياجرا طازه
وبالمُزز وكمان حبوب
وكاسات وليله ودندنه
وطال الهروب
في خيال تنابله أدمنوا
أوهام يادوب
وسابوها أرضك ياوطن
حالمه بشعوب

في الأقصى بترابط أُمه

في الأقصى بترابط أُمه
ع الحق وع العز ثبات
بحريمهُم برجالهُم هبوا
بمشايخ وولاد وبنات
في سبيلك يارب خروجهُم
ولقُدسك رايحين جماعات
شايلين الأرواح على إيدهُم
ولافارقه حياتهُم وممات
ولاكلب يدنس أقصاهُم
ولايدخُل بيتك نكرات
في الأقصى الأُمه الحقيقيه
والباقي شوية هفوات
مالهُمش ف دينك ولاشرعك
ويادوبك كده كالأموات
وجيوشهُم كعبيد للحاكم
وجبايه وبس انقلابات
والأقصى بيحميه المؤمن
بالرب إله السماوات
ومرابط على باب الأقصى
والصامد كُل الأوقات
بيدافعوا عن شرف الأُمه
والأُمه بتكتب بينات

فصل الكلام

أفهم طرطق ودانك
واسمع فصل الكلام
وبلاش تحياها أهبل
عيان بالإنفصام
بيننا وبينهُم لايُمكن
ولاحيكون السلام
دا كلام ربك وحُكمو
وكلام خير الأنام
يعني القُرآن وسنه
بيقولوا مافيش سلام
أبداً ويا الصهاينه
مهما يحاول لئام
تغييرو لشرع ربك
ياخدوك لطريق حرام
تخسر ربك ودينك
وتهيم ويا الهوام
تتوهم وهم خاسر
تدي لأبليس تمام
وتصدق أهل باطل
تنسى كلام الإمام
سيدنا وسيد البرايا
أحمد سيد الأنام
عن أشجار والحجاره
حتنادي على الهُمام
ياعبد الله يامُسلم
خلفي ولاد اللئام
وآيات قُرآننا واضحه
قالت فصل الكلام
في(الإسراء) الحقيقه
منها وفيها الختام

ولابعد كلام كتابنا
ووعود سيد الأنام
ياتشوفلك مله تانيه
وتقضيها انفصام

ليلى

وحدي بلا ليلى
قد طال بي الويلَ
أُكابد الشوقَ
توقاً إلى ليلى
ماعُدت صباراً
بلغ الزُبى سيلَ
وإني لمقتولُ
أوشاء لي المولى
فيُعيدني حياً
ألقاكِ ياليلى
ياليتها باحت
أو أومأوت ليلى
جادت بما يعني
قد أُسمعت قولَ
أو أنها يوماً
قد تُحِن النولَ

ياشهيد

ياشهيد
بلغ الهادي التحايا
واحضُنو وبوسها لإيديه
وانتا ع الكوثر بتشرب
ثُم حتلاقي ف عينيه
الفرح ماليها ضاحك
بالبشاره وانتا أيه!
مش مصدق يعنى نفسك
بالشرف دا كُلو ليه؟
وإنو سيدنا بنفسو
وإنتاو اقف بين إيديه!
والملايكه تقولك اهلاً
خُش ع الجنه تلاقيه
الجزاء في جنه دايمه
وانتا خالد باقي فيه
وانتا بتمتم لنفسك
بعد شوفتو للمُكمل
م النعيم فاضلي أيه؟
إلا رؤية وجه ربي
والثناء والحمد ليه
ياشهيد للجنه رايح
ع النبي سلم عليه
بلغو منا التحايا
والصلا وسلام عليه

ب احلم والشُرفا تحلم

ب احلم والشُرفا تحلم
ببلاد مافيهاش عساكر
ولا واسطه لعيل اهبل
يصبح سيد الماساتِر
ولا بياعة شرفها
ومعرص كلب فاجر
يبقوا سياد الوطن دا
والشُرفا بياخدوا ساتر
واللي بيحلم دا فاهم
عارف من عند ناصر
بدأت كُل الكوارث
وبقينا الكُل خاسر
حتى عبيد البياده
خنازيروا لكُل فاجر
عاشقين اللي استباحهُم
تعريص ومالوهش أخِر
ماخدوش غير البياده
والعيشه في المواخر
ماخور وبيجي بعدو
ماخور أوسخ وكافر
يوعدهُم بالأماني
وبيصحوا الكُل خاسر
ويلاقوا الحلم أضيق
والحلم ب بُكرا هاجر
راح لبلاد اللي فاهم
مابيورثهوش عساكر
عارف إن الحضاره
مابيعملهاش عساكر
وماتصنعهاش بياده
بتدوس حلم اللي عافر

يبني ويصنع ويزرع
لكن قتلو العساكر

مُش بس على البيوت

التار ويا الصهاينه
مُش بس على البيوت
ولا أرض ونجسوها
وكمان حُكام تُحوت
حطوهُم ع الكراسي
علشان وطنك يموت
التار لله ودينو
ضد عبادة الطاغوت
ثُم الكُره لنبينا
وان الإسلام يفوت
ع الكون يملاه هدايه
ذِكر وعَدل وقنوت
لله ونكون عبادوا
مُش عبد ل بس قوت
وتعيشها كالبهايم
وتوطي وف سكوت
يبقى الساده الصهاينه
ثُم الإسلام يموت
التار على حاجه أعظم
م الأرض وم البيوت
على دين الله وأهلو
يانعيش زي التحوت
نرضى الذُل ومهانه
نركع ويطول سُكوت
ف اختار السكه يلا
وارفع رايتك وفوت
وادخُل كُل المعارك
قاوم جاهد وموت
لوحتى ألف مره
ضد عباد الطاغوت

بوصلتنا هناك في الأقصى

بوصلتنا هناك في الأقصى
مُش في عواصم الخُضوع
والذِله للصهاينه
وديول عاشقه الخُنوع
بتطاطي لكُل غاصب
راقصه وقايده الشموع
وان مات صُهيوني يبكوا
ويزيدوا في الدموع
أيوا وطبعاً قريبهُم
وحاميهُم م الجموع
بس وربك حنخلَص
منهُم ويكون سُطوع
لشموس العِز تاني
ولاتحميهُم دروع
ولا أحلاف الصهاينه
لما يؤون الرجوع
والبوصله تبقى الأقصى
مُش في عواصم الخُضوع

يا اهل الشهيد

يا اهل الشهيد الليله عيد
والبركه زاينه حيُكُم
جايين نغني ونستزيد
نغسل صُدورنا بفرحُكثم
تدونا م الإيمان مزيد
وكرامه ماليه قلبُكُم
والمسك فاح مالي البيوت
ويابختو مين كان زيُكُم
البيت منور من بعيييييييييد
وملايكه حافه لجمعُكُم
والكُل هاتف بالنشيد
ياعزُكُم ياسعدُكُم
قِبِل الإله منكُم شهيد
والحلم نصبح منُكُم
يبقالنا عندو ف يوم شهيد
ويكون شفيعنا زيُكُم
يمنحنا بركه من الإله
ويكون رصيد كما إبنُكُم
والليله عيد يا اهل الشهيد
وياسعدو مين كان زيُكُم
نلتوا المُراد رب العباد
بشهاده شرف إبنُكُم

عبيد بتولد عبيد

عبيد بتولِد عبيد
ويرضعوهُم خوف
وبيعلفوهُم وَسَخ
ومذله تملا الجوف
بالجهل والمسكنه
وخروف يربي خروف
مرعوب مُجرد حِلِم
أو جه في بالو حروف
عن معنى كلمة وطن
أو حتى مره يطوف
حواليها ويحسها
وتحرروا ام الخوف
لكنه عبد اتولد
والذُل لُه موصوف
يحياها نّطع ف گمد
عاشق يعيشها خروف

ماتجعلنيش بتاع دُنيا

ماتجعلنيش بتاع دُنيا
وسُبحانه كتبهالي
خلاص مابقيتش تشغلني
ولا بتيجي على بالي
ماعُدتش فيها متعشِم
ماعادتشي بتحلالي
يادوب الهِدمه واللُقمه
بتتوفر يروق حالي
وقهوه يبقى يوم سعدي
سيجاره يبقى انا الغالي
كده يبقى الزمان راضي
وهارون الرشيد خالي
وكلمة بنك انا نسيتها
رصيدي عندُهُم خالي
مبانيهُم بقت قلعه
حصينه أعلى من حالي
ب اشوفها ساعات وانا معدي
أدندن صمت موالي

بالسُنه وبالكتاب

بالسُنه وبالكتاب
مأمور ان انتا تفرح
لما يجيلهُم خراب
وكمان تُسجُد لربك
واشكُر علي الجواب
واحمِد ع المِنه ربك
احمِد من غير حساب
وارفع كفك وناجي
واتمنالهُم عذاب
يشفي صدورنا وقلوبنا
بعد ماجالنا اكتئاب
واهو بيدوقوا المصايب
ونصيبهُم م العذاب
يتذلوا يطول خرابهُم
ويغوروا بدون إياب

ياسلام لو فيه سلاح

ياسلام لوفيه سِلاح
والله ماييجي الصباح
إلا وتسمع صُراخهُم
تسمع منهُم نباح
وعويل ونحيب وذِله
والرعشه وانبطاح
عايزين نرجع بلادنا
وحنرضى بالمُتاح
وشتات وهوان وجيتو
بس سيبونا وسماح
أجبن م الجُبن هُماً
بس يشوفوا السلاح
حتلاقي الكُل راكع
وبيستجدي السماح
ياسلام ياسلام يا أمه
لو ف إيدينا السلاح
والله ف رُبع ساعه
حيكونوا وهم راح
حتى الرُضع تجاهد
ننسى جيوش السِفاح
الحارسه لكُل حاكم
والعاشقه الإنبطاح
ونرجعهُم شتاتهُم
في التيه وكتير جراح

رمضان رُعب السنادي

رمضان رُعب السنادي
ع العُملا و ع اليهود
واتباع لازم نهادن
ونفاوض ع الوجود
تاخُد بالحُضن قاتلك
ومعاك باقة ورود
وتقوللو ياعزرا أهلاً
وتبيع شرف الجدود
وتبوس إيدك ورجلو
وتحُط احمر خُدود
لكن واللهِ لأ
ولاناويين السجود
غلا لرب الخلايق
مهما تزيدوا الجنود
حنرُد الضربه ميه
ولانلطُم ع الخدود
ويكون كالعاده دايماً
رمضان عِزه وخلود
صايمين و عليكوا نفطر
وتزغرد يابارود
مسك وفواحه ريحتك
عطرك عدى الحدود
صحا الأُمه وناداها
ب ال حي على الخلود
وجهاد اللهُ أكبر
ع العُملا و ع اليهود
رمضان رُعب السنادي
وجهاد مالهوش حدود
رمضان رُعب السنادي
رُعب وفاق الحدود

على عُشاق المُهادنه
والخونه واليهود

يا اللي بتتمنى يغفر

يا اللي بتتمنى يغفِر
سامح واغفر لغيرك
عامل ربك في خلقو
تلقاه شاكر لخيرك
ويرُد الحسنه عشره
ويبارك خط سيرك
ويزيد ع البركه بركه
ويصحي كمان ضميرك
فتشوف الحق واضح
زي نهارك وليلك
ولايوم حِسك يخونك
ولامره يخيب دليلك
قد ماتكرِم عبادو
قد مايهديك سبيلك
واما حترجع لربك
يديك ويزيد في خيرك
ف يا اللي بتتمنى يغفر
سامح واغفر لغيرك

عارف إنو استحاله

عارف إنو استحاله
ترجع بيا السنين
من تاني اعمل حسابي
واعرف بدري اليقين
وادخُل زُمرة عبادك
أو أكون في الصالحين
واملا كتابي اللي خالي
حسنات وجهاد ودين
لكني ب امني نفسي
جايلك مليان يقين
تغفر تهدي اللي غافل
ع التوبه كمان تعين
تقابلني بفضل كرمك
إحسانك يامُعين
وان كان يطمع في كرمك
والغُفران المُبين
بس اصحاب العباده
والناس المُصلحين
فيروح فين اللي زيي؟
يبكي ويتوب لمين؟
ومافيش غيرك ألهي
ومافيش بعدك يقين

السكه بعيده لكن

السكه بعيده لكن
عشمان انا في الغفور
وارجعلك تاني أقرب
واهمسلك ياغفور
رغم ذنوبي الكتيره
والبانيه ألف سور
بيني وبين نفسي أحلم
أوياخُذني الغرور
واتمنى يساعني كرمك
تجبِر فيا الكُسور
تكتبني ف أهل عفوك
تملاني بالسرور
ببشارة عفو منك
توهبني ف قلبي نور
بيقول إنك غفرتو
كدي وسعي الدهور
في الغي وف المعاصي
قضيتها بدور وادور
وانا ما استاهلشي لكن
عارف إنك غفور
وصلني لحد بابك
وحياة طب القلوب
ودواها للصدور
سيدنا وسيد البرايا
والدايم ع العصور
إسمو بيتقال فيرضى
ربك يملانا نور
نتيسر للهدايه نكره
كُل الشرور
ف اقبلني يارب وارحم

واغفر وانتا الغفور

ادعي ف رمضان عليهُم

رمضان فُرصه و عظيمه
بركات مالهاش حُدود
أُطلُب م الله وموقن
ب إجابه من الودود
في الأيام المُباركه
قادر ربك يجود
من كرمه علينا نخلص
منهُم وليالي سود
ف ادعي فطارك سحورك
ع الظالم والجنود
كُل ماتختم لسوره
إدعي وزيد السجود
واهمس لله ونادي
إنو يكونوا الوقود
لجهنم وان فيها
يجعل ليهُم خُلود
ف ادعي ف رمضان
عليهُم قادر ربك يجود
وياخُدهُم أخده واحد
الظالم والجنود
كُل الشله بكاملها
وفي الأخره مع اليهود

الأختيار كان مره واحده

الاختيار كان مره واحده
لما كان فيه انتخاب
لما كان الحلم مُمكن
للعجايز والشباب
والبلد للكُل يحلم
ب انكسار عصر الخراب
لما قامت مصر تحلم
حالفه لتزيل الضباب
لمانزلت هادره تهتف
الرئيس بالإنتخاب
بالطوابير الكتيره
ثُم كان مُرسي الجواب
كارهو أوبتحبو عادي
بس كان بالإنتخاب
مُش بدبابه ومدفع
وابتدا عصر الهباب
والعصابه في الشوارع
ناهشه فينا كالكلاب
رجعونا للبدايه
للمُعسكر والخراب
واختيار السجن ولا
إختيار عيشة الذُباب
الاختيار كان مره واحده
قبل مايهل الخراب

أول يوم رمضان

عدى أول يوم وصومنا
ربنا الرحمن أعانا
وبكرم أنعم علينا
وع اللي باقي يارب عينا
واجعلو في طاعتك ياغافر
زيدنا رحمه وزيدنا مِنه
إنتا ياصاحب المشيئه
وأقبل الدمع اللي منا
سال بيهتفلك ويضرع
تغفر اللي فات وغنى
قلبنا بحُبك ياسامع
في البُطون همس الأجنه
جمل الأيام بسترك
واختمو رمضان بجنه
كُل مِن صامو وقامو
تهبو لُطفك وجنه
إنتا أعلم باللي فيها
وكُلنا عاشق تمنى
برحمتك يدخُلهايشرب
من إيدين سيدنا وأملنا

رمضان كريم

من كُل قلبي بقولوكُم
رمضان كريم
وتصوموا لمه وتفطروا
وربي العظيم
فاتح جنانه لكُلُكُم
راضي وعليم
من إن صومكُم لُه تُقى
وطاعه لعظيم
وافرح ياعم وشوف بقى
لما العظيم
بتسيبلو كُل ماحل لك
طاعه لكريم

مُش عارف

مُش عارف ليها قومه؟
ولا ب اخلِص خلاص؟
جرحي المرادي واعر
عايف حتى النعاس
مش قادر ع المناكفه
ولا عندي من الأساس
الحيل على إني اناهد
وماعُدتش لاقي ناس
أتفك وابوح معاهُم
وارتاح منك يا راس
مافيهاش غير هم طافح
راسو ومليار مداس
مايسيبني إلا ميت
سهم وصابني وخلاص
مابقاش فيه منو مهرب
هَد وزال الأساس

إياك تُسكُن في قلبك

إياك تُسكُن في قلبك
أو تديها الأمان
دُنيا وأبداً ماحدش
عاشها وكسب الرهان
مهما تطول الليالي
أو يحلو الزمان
لازم ولابُد ترحل
وتشوف بعدك كمان
حد تزغلل عينو
ويظن انو ف أمان
وتمنيه الأماني
ثُم يؤن الأوان
من بعد أمال ودُنيا
برضو بيخسر رهان
ويروح للقبر برضو
سُبحان ملك الزمان
والدُنيا واللي فيها
عندو وبس الأمان

إبتلاء إن انتا مصري

إبتلاء إن انتا مصري
بعدو مافيش ابتلاء
إلا إنك تبقى فاهم
في البلد دي و دا الوباء
كُلهُم كارهك و عايفك
والجميع شايفك غباء
شايف انك حاجه تقلِق
حاجه تستاهل الفناء
يا اللي حالم بُكره ليهُم
يا اللي واهم بالرخاء
لو قلوب الناس دي صفيت
والجميع عاشها بصفاء
ديه دا يا اخي دا انتا سُبه
لعنه وف كُل اتجاه
والجميع بيجيب في سيرتك
كُلهُم شايفك خواء
ف البلد دي مُش لحالم
مُش لعُشاق الحياء
البلد دي ل اللي بايع
أرضها وصُبح ومساء
واللي بيجيها يامؤمن
رحله مليانه ابتلاء
ربنا يخرجنا منها
ويجازينا ع الابتلاء

شيخ العرب يا أنا

شيخ العرب يا انا
بس الزمان خوان
عاكس وكالعاده
خسرني كُل رهان
ع الناس وع العشره
حتى مع الخلان
نفض الجميع غزلي
وحدي أنا خلان
لكن ب أقول حاضر
طيب لكُل زمان
واصبُر وب اتجابر
مهما الزمان وران
(وراني)
واهمسلي ياصابر
اصبُر كمان وكمان
خليها بالجوده
واتمنى م الرحمن
قادر يزيح غيمها
ويزودك إيمان
تُصبر على الساير
وملاوعة الأزمان
تُصبُر كما جدودك
حد اليقين مايبان
وييان لها نهايه
ويفُكها الرحمن

بيضيع العُمر فيكي

بيضيع العُمر فيكي
علشان يادوب نعيش
كعبيد جوا الوسيه
وآلام ماتنتهيش
وكمان يتقالك أُصبُر
ع الذُل دا أكل عيش
وبتختِم في النهايه
كالعاده بال مافيش
واللي بياكُلها والعه
ويقسمها مع الشاويش
شِلة حراميه فاسده
واللي بيهتف يعيش
ل الظالم ل اجل يرضى
ويعيشها في الياميش
واحنا بنستنى فجرك
لكن فجرك مافيش
ولامره يهل يطلع
إلا عشان الشاويش
واحنا نقضيها أُصبُر
على ذُل الأكل عيش
ويمُر العُمر بينا نرحل
كماكان مافيش

مستني الموت بلهفه

مستني الموت بلهفه
أكتر من أي حاجه
شايف فيه استراحه
من أي وكُل حاجه
ونهاية رحله بايخه
مُش حابب فيها حاجه
وبداية رحله أجمل
خاليه ومن أي حاجه
تتعب قلبي اللي عُمره
ما لقاش في الدُنيا حاجه
تستاهل بيها يفرح
ويشوفها فيها حاجه
فالشوق للموت بلهفه
بقى عندى أغلى حاجه

المضيق

ناس كتير سابتني وحدي
حتى ضلي على الطريق
بعد مار احت مواسمي
جه وهمسلي كالبرىء
قالي مُش ح أقدر اكمل
وابتديت انا في الحريق
من جروحي الساكنه روحي
صرت وحدي في المضيق
لا اللي راح من عُمري يرجع
واللي جاي مالهوش طريق
أو ملامح باينه أمشي
فيها واطلع م المضيق

من بعد العارف بالدوله

من بعد (العارف بالدوله)؟؟
بان مابيعرفش
العاشق جداً للمايك
والهري وقلش
لبسنا غبائو ف 100 حيطه
واتقال معلش
كمل للأخر وعبيدك
مابتتأخرش
بتبرر دايماً لخرابك
ومعاك الدرش
أحلى سكرتير في المحروسه
واللي مايعرفش
غير حاضر طيب وأوامرك
واللي مايقدرش
يُقعد غبر لما بنفسك
تشاورلو ويتلقح درش
ووراكم شِلة هبيشه
والكُل لُه كرش
أبداً مابيشبع ولايقنع
ولايستكترش
الدم وفُقرا خلاص ماتوا
عايشين ع البُرش
والأكل يادوب سيرتو بتييجي
يبدأوا في الهرش
كما مُدمن وعلاجو اللُقمه
ياللي ماتعرفش
غير بس يادوب مسك المايك
والعري وقلش
يا ال (عارف أوي) معنى الدوله
بان مابتعرفش

كان أخرك غُرزه وتخربها
بصبيك درش

للأجيال اللي جايه
استنوا ماتلعنوش

للأجيال اللي جايه
إستنوا ما تلعنوش
إحنا مابعناش بلدنا
ف استنوا ماتشتموش
والله ما بعنا حاجه
لكن كُنا الهاموش
مُش قادر حتى يهمس
قُدام كُل الجيوش
إعلام واشباه مشايخ
حتى الفُقرا الفاشوش
حاربونا وقالوا عنا
أعداء مابيفهموش
ولا عايزين البلد دي
ينهض بيها الوحوش
فسكتنا بلعنا جزمه
ونطقنا فجات جيوش
الظالم واترمينا
في سجونه كالهاموش
وماحدش جاب سيرتنا
ولادمعه في الوشوش
على ناس حبوا البلد دي
فداسونا كالهاموش
فبلاش أوي تلعنونا
واستنوا ما تشتموش

في الأمتار الأخيره

في الأمتار الأخيره
م الرحله في الحياه
ب اهمسلي كمان واطبطب
على كتفي واقولي ياه
كديت على أد ما أقدر
ومشيت كُل اتجاه
وحاولت بكُل جُهدي
أتحمل كُل آه
ببساطه أعيشها دايماً
واشكُر لله قضاه
في الشده وع المكاره
وما أشركتش معاه
سبحانه لوحده ربي
وانا عبده اللي في حماه
وماحسدتش حد أبداً
مين خالي؟ ومين معاه؟
فيارب ختامها لُطفك
وما ابحلمش بسواه

م الحلم اديني حته

م الحلم اديني حته
ومعاها سجاره فرط
بتقول الحِلم مالو؟ شطب؟
طيب خليها فرط
ورغيف أو حتى لُقمه
من وهمي عليها احُط
ريحة طعميه بايته
د ان كان ليها فيها بخت
في بلاد انا كُنت واهم
ح اتغدى مره بط
أيام ما الباشا قالي
إيدك في الحبر حُط
وانزل وارقُص وجداً
واقلع في اللجنه ملط
وانزل بوس البياده
عُمرك ماتلاقي قحط
في الأيام اللي جايه
وأُمك راح تبقى طنط
تصرف كده وبراحتها
وكمان نبنيلها شط
لو ناويه تروح تصيف
وتعوم مع أحلى بط
واهى ماتت م المجاعه
وبعديها عايشها فرط
في الحلم وفي السجاير
وكمان قالع وملط
مستني الفيلم يخلص
واسمعها أحلى كت

فيه ناس أول سيرتها

فيه ناس أول سيرتها
ماتهل بتلقى بيت
واسع جداً في قلبك
فاتح على ألف غيط
وبحور عشق وموده
روحك بتقول ياريت
نفضل قاعدين وتفضل
ريانه الروح ياريت
ونسانه الدُنيا بيهُم
دايم خيرك يابيت
مليان كده بالمحبه
نورك من أغلى زيت
زيتون كما قالها ربي
وف سورة النور قريت
فيارب تزيدنا منهُم
وقلوبهُم تبقى بيت
لينا وليهُم قلوبنا
مقتوحه تقول ياريت
تفضل دايماً سيرتهُم
تروينا ياريت ياريت

ويارب انتا اللي عالم

ويارب انتا اللي عالم
أنا عايز أقولك أيه
تعبان وب اجيب في أخري
مُش قادر ع اللي فيه
وبقالي سنين باحايل
همي وصابر عليه
لكن مُش قادر اكمل
وتعبت من اللي فيه
ف ارحم يارب عبدك
برحيل واعطف عليه
بالموته تكون سريعه
وترحمنى من اللي فيه
وانا مُش كار هها دُنيا
لكن طب ح اعمل ايه؟
مُش فاتحه ل اللي زيي
ولا عايزه تتوب عليه
م الهم وم المواجع
وتروق لو ساعه لييه
ومعاها جبت أخري
مُش عارف أعمل ايه؟
ف ارجوك من كُل قلبي
أكرمني يارب بيه
برحيل مشمول بلُطفك
وبعفو تزيد عليه
عبدك وطالبها منك
ولابعدك ارتجيه

الحوار مع مين؟

الحوار مع مين؟ وإمتى؟
والنتيجه حتبقى أيه؟
مكلمه برضو؟ وشله؟
قاعده ف ضهر اسمو أيه؟
وهوا ماسك في الحديده؟
والكلام غث وسفيه
عن بلاد فارقها بُكرا
وانتحر يومنا الكريه
واللي فاضل فيها هوا
وحدو ثُم الكم فقيه
م اللي عابدين البياده
وبعدها ولا أي ايه
واللي جاهزه الفتوى منهُم
اللي بيعارض سفيه
يبقى أيه لزمتها قعده؟
واللي بعد القعده أيه؟
غير سؤال خالد وأبدي
كُلنا نجاوب عليه
السؤال مش إمتى يُخرُج؟
السؤال مسجون دا ليه؟
بعد مانعملو قعده
للحوار ونغني هيهههه

نُص كيلو وعي يا اسطى

نُص كيلو وعي يا اسطي
وعي م النوع الفريش
واللي يشرب منو يفهم
في البلددي مايجادلش
لا البياده ولا الحماده
اللي قضى حياتو غِش
واتجاهاتو المصالح
واللي لابس ألف وِش
هَمو بس يلاقي حته
حتى لو جته في نعش
وياكُل اللحم اللي ميت
يلعنك يلعن دي كرش
كُلُهم راضعين غباوه
وفي الوضاعه مايتغلبش
كُلهُم حقد وغباوه
ع اللي لسا ما اتنكسش
زيهُم سلِم دماغو
وخدلو وعي من الفرش
وعي صابح وعي طازه
وعي بعدو ماتتناقش
تحني وتسلِم دماغك
تتنكس كده ماتقاومش
ف نُص كيلو وعي يا اسطى
وعي م النوع الفرش
وبُكرا يبقى ع البطايق
ل اجل يعنى ما نجادلش
تدعمو حكومة شاويشنا
ويتخلِط مع أحلى مِش

في الشِعب ماكانش شلّه

في الشِعِب ماكاناش شِله
ولاميزه لأي حد
حتى المُرسل نبينا بيجوع
يعطش بجد
وماحدش قال دا مُرسل
نكسرلو أي حد
ولاحتى المولى قاللو
مُش زيك زي حد
ف ادالو ميزه يعني
وقصور وماليها عَد
وديون من كُل حته
لكباري وأي وغد
يسرق يهبش براحتو
مايخافشي أي حد
وكأن بلدها لأمو
ووارثها لأعلى جِد
ولاقعده ف كُل موسم
في الشرم تشموا ورد
وتلموا عيال كتيره
وحريم مُش لاقيه حد
يشكُمها يقول كفايه
أو نسمع أي رد
م اللي ف دستة سجونك
بيموتوا ف كُل برد
علشان تُقعُد جنابك
وتهرتل يااه بجد
بالوهم اللي في دماغك
إنك ريس بجد

الأيام اللي جايه
للجوع والإنكسار

الأيام اللي جايه
للجوع والإنكسار
واللي حيشبع وجداً
البلحه وانتصار
والشله البايعه دينها
والحراميه الكُبار
وبتوعو لأي حاكم
لو كان حتى ابن عار
وبايعها وعلني جداً
واهي دخلت في احتضار
وانا وانتو في الوليمه
حنكون حبة فشار
يتسلوا يأزأزونا
بعد مايأخدوا القرار
بالبيع ولكُل حاجه
ثُم يغني الحُمار
باللحن الأبدي دايماً
أنا ومن بعدي الدمار
واياكشي الدُنيا تولع
ويعبوه المرار
في قزايز يشربوها
لما مايلقوش فطار
في الأيام اللي جايه
ونعيش انا وانتصار

مأزوم والأزمه جداً باينه ف وش الشاويش

مأزوم والأزمه جداً
باينه ف وش الشاويش
من بعد خلاص بننهض
فجأه بيُصرُخ مافيش
مُش لاقي كلام يقولو
ولا وهمو طلعلو ريش
ف بيفتي ف أي حاجه
قلبِت قعدة حشيش
من دوله لشبه عزبه
والكُل خلاص بيندب
حتى الغاويين يعيش
من بعد ماشافوا جداً
بوضوح وش الشاويش
مأزوم رغم الصباغه
والميكب اب على ال مافيش

مقهور عبد العساكر

مقهور عبد العساكر
دايماً يطلع فاشوش
يفضل يرقُص ويلهث
وهُما بيملوا الكروش
ولايوم يرمولوا لُقمه
ولارحمه مايرحموش
خسرانها دين ودُنيا
وان مات مالوش نعوش
في الدُنيا كلب ليهُم
وفي الأخره ماينفعوش
أصل ياعم العصابه
في الدين مابيفهموش
ولافيش رحمه ف قلوبهُم
فطبيعي يكون فاشوش
كُل رصيدهُم ودينهُم
في الأخره مايقدروش
عند الخالق يكونوا
أبطال وهم ووحوش
وطبيعي يكون معاهم
عبد العسكر مالوش
غير بس النار ويبكي
وساعتها ماينفعوش
لو نزل دم حتى
بدل الدمع وفاشوش
راحت دُنياه وأخره
ويارب ماترحموش

أخر 20 جنيه

أخر عشرين جنيه
بعديها حتعمل أيه
ضلي بيهمسلي جاوب
مُش عارف اقوللو أيه
كالعاده ب أقوم موطي
راسي ونازل عليه
طنين م الميه واكتر
ولا نافعه الميه فيه
حبايه ضغط طيب
ونشوف بعديها ليه
السُكر عالي جداً
دخلني ف ألف تيه
واديلي الحُقنه واهمس
ياضِلي حنعمل أيه
يضحك من غُلبو ثُم
بصباعو بيعمل ايه
مفهومه ياضلي ماشي
شُكراً جداً يابيه
ومافيش غير حل واحد
يادي ال 20 جنيه
اتبرع بيها طبعاً
علشان اللي اسمو أيه
صندوقها لتحيا مصرو
مصر بتاعتو اسمو أيه

واحشاني القهوه جداً
والقعده في الحُسين

واحشاني القهوه جداً
والقعده في الحُسين
وراويح بُن هاله
بعطاره ومعجونيين
بالمسك اللي ف حاراتك
والأيام والسنيين
وتاريخ بحنين وطارح
من ألاف السنيين
في القلب اللي استباحو
عشقك ولازيي مين؟
في هواكي ياطارحه دايماً
بالشوق والمُنشدين
والكُل أهو قام لحضره
في مقام سيدنا الحُسين
واحشاني لكن مفلس
فلسان ملعون لعين
مستني إمتى تفرج
والقعده في الحُسين
ترجع أيامهاتاني
لو حتى ثانيتين
ف افرجها يارب وابعت
لو ورقه من الميتين

مايعايرنيش الحرامي

أيوه من أبسط حقوقي
ليا شُغله وعندي بيت
مايعايرنيش الحرامي
بكبلو سُكر ونُص زيت
ويعاملني أجير ل أُمو
والبلد دي لأهلوا غيط
قبل مايوصل جدودو
للبلد انا كُنت جيت
كان جدودي اصحابها أيوا
وياما في رحابها بنيت
المعابد والكنايس والمساجد
ما افتريت
يوم على الغلبان عايرتو
بكيلو سُكر ونُص زيت
واحنا أصحاب البلد دي
لا احنا لاجيْ أو لقيط
أو مُجرد حد ساكن
عندُهُم مُش لاقي بيت
ينهبوا وتسرق عيالهُم
واحنا نتعاير بزيت

عواد بيبيعك يابهيه

عواد بيبيعك يابهيه
والناس شايفين
لكن أغلبهُم بيطنش
عاملين نايمين
أويشغل نفسو بمية حاجه
تافهين فارغيين
وسابوها لأجرب صهيوني
ملعون ولعين؟
بيخلص حقدو وأجدادو
م المصريين
تافه وبيحلم أهوامو
تصبح قوانيين
ع الكُل ويخرس ويسلم
ونبيع لكوهين
دلاديلو وشلة صُبيانو
وكتير واهميين
تخربي يابهيه وتتابعي
لشلة ملاعيين
لكن والله ووالله
وليوم الدين
راح نفضل شوكه ف بواسيرهُم
ولايقدر مين ؟
على بيعك أبداً يابهيه
يا امُ الصابرين
والمؤمن بيكي وبوجودك
وليوم الدين

ماوصلتش للحقيقه
ماوصلتش للخلود

ماوصلتش للحقيقه
ماوصلتش للخلود
عجزت وبدري بدري
ناقص طلقة بارود
واختم بيها المسيره
من غير باقة ورود
ولاشاهد قبر حتى
ولا لاطمه على الخلود
بتعدد وينو قبرك
يارقيق جداً ودود
وياعاشق للغلابه
عشق وخطا الحدود
وحلمت ببُكره ليهُم
ومعاهُم والوجود
يسمح بالحلم مره
ويورد ع الحدود
لكن راجع بخيبتك
حُزنك فاق الحدود
شمسك واهي باديه تُغرُب
حلمك مالوش وجود
ماوصلتش للحقيقه
ومانلتوش الخلود
وباقيلك حل واحد
تضغط طلقه بارود
وتودعها بمزاجك
تنهيها وببرود

العساكر للحراسه
مُش سياسه واقتصاد

العساكر للحراسه
مُش سياسه واقتصاد
واللي يبنى يكون مُهندس
مُش قريب طانط اعتماد
واللي يفتي يكون مشايخ
مُش خنازير الفساد
والمنصه ليها قاضي
يبقى من بين العباد
مُش بواسطه وأصل دادي
وجدو كانوا ولاد سُعاد
بنت تيته سنيه هانم
أو قرايبها لوداد
أخت مملوك ابن هِرمه
كانوا يتباعوا ف بلاد
عُمرها ما أدت ولادها
حُكمها ونالوا المُراد
شاربه ذَل ومن كيعانها
ساري فيها كالمِداد
لما يسري ف صفحه بيضا
ثُم يقلبها لسواد
والسواد شايلينوا إحنا
أما هُما ف البلاد
بالبشر مرهونه ليهُم
واحنا عايشينها ف حِداد
موهوبيين لكبار لصوصها
للنهايه وم الميلاد

في الشعر
أنا شيخ طريقه

في الشعر انا شيخ طريقه
وب أقول ما يهمنيش
لكن في الدُنيا؟ أهبل
صعلوك ولابيساويش
أخر أحلامي واشبع.
كوباية شاي وعيش
وماليش في الدُنيا مطمع
ولاحالم بُكره أعيش
ولا ب افهمش في دولارهُم
ولاتفرق جوخ وخيش
ولافارقه معاي حصيره
أو انام على أغلى ريش
كُل الحدوته إني
مُغرم للشعر اعيش
ويطول العُمر ولا
يقصر مايهمنيش
اللي يهم اني عشتو
وحكيت وماهمنيش
وان الرحله الأخيره
لله ما حيخزينيش
وفي التُربه حيسألوتي
عن عملي وعن حياتي
والباقي كُلو ريش
لا بيوت ولامال بتنفع
ولاباشا ولا الشاويش
الكُل هناك في حالو
مرعوب في النار يعيش
فتقولها ومهما يحصل

لو تاكُل بس عيش
وتجاهر بالكرامه
لو تلبس حتى خيش

الخونه ع المنابر
والساده في السجون

الخونه على المنابر
والساده في السجون
الخونه بتوع ومالو
يُحكم أياً يكون
عسكر ، مماليك، صهاينه
أياً كان الزبون
القاعد ع الكراسي
وولاد الحيزبون
طول ما السبوبه ماشيه
واحنا نجومك ياكون
بجرايد ناشعه ذِله
ومواقع رُبع تون
تُرقُص ولأي غاصب
ولعُشاق الديون
وتشوف الدُنيا فُله
طول ما الدُنيا ف سكون
والناس عايشاها ذِله
باكيه بسيل العيون
لكن أوي مُستكينه
مليانه بالجنون
مستنيه اللي ينطق
وسيادنا في السجون
عُشاق ثوره وكرامه
وعُشاق أوطان تكون
للكُل وكُلو واحد
ومافيش فوق القانون
مهما يهِد العساكر
في بيوتك والحُصون

في القلب الحلم عايش
ولايوم مُمكن يهون
مهما يزيدوا المنابر
للخونه وكُل دون
ويزيد القهر يطول
ع الساده في السجون
ح تزول يوم المنابر
والغاصب للجنون
يُسحل علناً ويُعدم
وكلابو في السجون
والمجد يكون ودايم
لسيادنا في السجون
وحتى ولو ماتوا تفضل
ذكراهُم

أبرياء دايماً وأبداً

أبرياء دايماً وأبداً
مهما كان حجم الحريق
ماضي حاضر بُكره بعدو
ومهما طال بينا الطريق
مهما يسبوا ويأسرونا
وكُلنا بيصبح غريق
حتى لو باعونا جته
وفرشوا بينا على الطريق
كلُهُم طلعُم براءه
والمُدان احنا وعتيق
ظُلمُهم فينا وفسادنا
واحتفالنا بالبرىء
ضرب نار وعيال بتُرقُص
ثُم نفضل في المضيق
والتباكي على اللي حاصل
ثُم عاش سيدنا البرىء
أبرياء دايماً وأبداً. هُما
واحنا للحريق

ويابختك يا اللي عندك
صاحب تسنِد عليه

ويابختك يا اللي عندك
صاحب تسنِد عليه
مهما تدور الدواير
بيهِل وتلتقيه
ضيك في العتمه لما
بتقول م الدُنيا أييه
وتجيب أخر ماعندك
من صبر وترتويه
لكن تلقاه كعلقم
والعلقم ييجي أيه؟
جنب أَلمك وحُزنك
والهم اللي انتا فيه
ويا سعدك لما يصفى
ويصون شوقك إليه
ويزيدك م المحبه
لو جورت ف يوم عليه
يتحمل مهما يجرى
ولاحتى يقول دا ليه؟
أغلى كنوزك لو انتا
كرمك ربي تلاقيه
فتعُض وبالنواجذ
وتزيد الود لييه
تُشكُر تحمد لربك
ع العِز اللي انتا فيه
ويابختك يا اللي عندك
صاحب تسنِد عليه

Fake

فيه ناس بيضيع عليهُم
عُمرك. ثُم تلاقيك
محتاجلك ألف جزمه
ع اللي انتا عملتو فيك
وحدك قاعد بتندب
ضِلك طرطر عليك
بيقولك إنو راحل
والبركه ياحلو فيك
ضيعت العُمر كُلو
على ناس واهو طِلعوا Fake
يا اهبل يا أبو ‘عُمر ضايع
على ناس ولاحاسه بيك

أيام ما كُنت طيب

أيام ماكُنت طيب
وب اصدق أي حد
واخُد خوازيق كتيره
أكتر من إني اعِد
وارجع يغلبني طبعي
واهمسلي بلاش بجد
تفقد ثقتك بنفسك
وتظن السوء بحد
يمكن زهقان يا أخي
يمكن مش لاقي حد
يحيكيلو عن ألامو
أو يرخي معاه يشد
ف اختارك وب محبه
يديك خوازيق بجد
ف اهمسلي وأقول ومالو
طيب. ماشي وح اعِد
لكن كترت وفاقت
خوازيقهُم أي حد
فخلاص ما بقيتش طايق
نفسي ولا أي حد
نلغي الخوازيق وخالص
ومعاها أي حد
تبقى العلاقات مُجرد أهلاً
بعديها حد
باين واضح وجداً
يتحط لأي حد
وارجع طيب وجداً
مع شك ف أي حد
وبراءتي ليا وحدي
ولا أشارك أي حد

فيها ويرجع ويدي
خوازيق ولا ليها عد

لو حابب حد قول لُه

لو حابب حد قول لُه
بينلو انك هاويه
وماتستناش لبُكرا
مين عارف بُكرا أيه
ببين حُبك وشوقك
وبلاش تتنقل عليه
قُلها لبنتك ول ابنك
واللي انتا بتصطفيه
م الصُحبه وكُل ناسك
واجهر بالشوق إليه
ربك رب المحبه
واللي بيتحابوا فيه
ف اجهر واهمس ب احبك
ل الكُل وحتلاقيه
ف الحُب ماهوش جريمه
ولا ضعف تخافه ليه؟
واللي يرُد بجحودو
يبقى أنتا مالكشي فيه
أبليس ساكن في قلبو
ولا عندك حيله لييه
ركِز بس ف حبايبك
واللي بتشتاق إليه
المُر يمُر هين
والمولى يعين عليه

وانا ماسك في المافيش

مُش عايز أيأس وب انحت
في الصخر عشان أعيش
مرعوب جداً وخايف
قُطنِك يقلِب لخيش
ما الأقيش م الستر حتى
أرسِم على جسمي خيش
واستنى ال بُكره ييجي
واصبح الأقيه مافيش
وخريطة مصر تبقى
يعنى مُجرد أفيش
والفيلم اللي ابتديتو
راجع منو ب مافيش
مُش حالم بالممالك
ولا في قصورك أعيش
الحلم يادوب تعدي
بيا الأيام واعيش
ماابقاش مملوك في برك
لمُجرد أكل عيش
وأجير احرُس قصورهُم
مقهور ب اهتف يعيش
كُل اللي اجتاح خزاينك
وانا ماسك في ال مافيش

جايلك أيام رماده

جايلك أعوام رماده
لكن فين الفاروق؟
مش فاضل فيكي حاجه
وامتى الفرعون يفوق
من وهم الدُنيافُله
وخلاص بان الشروق
بالرقص وبالأغاني
وفحيح مالي الحلوق
ونهيق الطبلجيه
وغوازي وسيل علوق
بتمجد في السياده
ممحونه بكل شوق
وانتي النادبه ونواحك
عشش جوا الشقوق
والجوع اللي استباحك
واصل بيكي لنفوق

أبو زيد

ونقول بعد المشيئه
وأذن المولى الأمين
بعد مانسمع صلاتكم
وسلام يا موحدين
ع الزين سِيد البرايا
وأمام المُرسلين
أحمد سيدنا وشفيعنا
يوم الحشر المُبين
ندخُل بقى ع الحقيقه
لويفهم بس مين؟
أبوزيد لم الحكايه
شاور ل المُنشدين
يخلوا المجلس وحالاً
مابقاش عندو الحنين
للعشق وللحكاوي
حتى لفرسو وسنيين
شايل ع الدُنيا سيفو
بيحارب في التخين
ولا هموش الفوارس
ولاقالش ف يوم ح الين
بالطول بالعرض عاشها
ولايوم غلبو الأنين
خلاه يهمس ح اسلم
لحظه ورفع الإيدين
لكن والله اعلم
بالغ بيه الحنين
يخلص ينهي الحكايه
بيكابد في الأنين
رافع للسقف راسو
وبيهمس كلمتين

جملها يارب هوِن
واختمها باليقين
مابقاش في الدُنيا حِلمي
ولاماليني الحنين
إني أكمل في رحله
مهما تطول السنيين
لازم ولابُد تخلص
حتى ولوكُنت مين

أُمه بلادينها

أمه بلا دينها
مافيش رجا منها
وتصلعك العارف
ترفع شياطينها
يبقوا كما ساده
ويسودوا فسادينها
لازم تصير سُبه
ولا عادش خوف منها
واهو دا اللي صار فينا
والكُل عايشينها
أعداد على الفاضي
ومافيش رجا منها

طلعت حدوته بايخه

طلعت حدوته بايخه
مليانه بالمأسي
وانا يا المستني تعدِل
أو مره تكون مقاسي
دُنيا وكُل اللي فيها
بيقول لوكُنت ناسي
خُد بالك منها جداً
في صباحك والأماسي
واياك توهبها نفسك
ترجع وبدرس قاسي
خليك ع البر دايماً
حاذر كابد وقاسي
بس ماتوهمش نفسك
وتقول حتكون مقاسي
كانت دامت لقبلك
ولاشافوش المأسي

كان نفسي أكون مطقطق

كان نفسي أكون مطقطق
كان نفسي أكون كهين
وأقدر اعيشك يادُنيا
بشمالك واليمين
ويكون الكُل مُمكن
دايماً وف أي حين
ولا ليا في المواقف
وكلام جعلوص تخين
عن إن الدُنيا موقف
ويابخت الموقنيين
واللي يحبوا المُقاومه
ويجاهدوا في اللعين
ثابتين أوي ع المبادئ
ويعيشوا بلُقمتين
حالميين قال بُكرا ييجي
تُشرُق شمس اليقين
والدُنيا تبقى فُله
مابيخلصش الخزين
من فرحه ومن مباهج
وكلام من موهومين
عايشينها وبس نحلم
ثُم نخُش الكمين
في الدُنيا ف كُل لحظه
ولاتِسعِفنا العينين
بدموع عن حلم خايب
واحنا نعِد سنيين
ثُم بنلبس في حيطه
أنا وانتا وكُل مين
ماعرفش يكون مطقطق
ماقدرش يكون كهين

مابين التوبه والتوبه

مابين التوبه والتوبه
يزوم شيطاني يغويني
يزوقلي أوي الدُنيا
يروادني على ديني
يأملني بطول عُمري
يهيالي يمنيني
يقولي ياعم دي مره
وحتعدي ويسقيني
غوايه لحد ماقرب
خلاص في الذنب يرميني
ف الاقي رحمتك نزِلت
على قلبي بترويني
تقولي ياعبدي أنا أقرب
وأرحملك تلاقيني
مُجرد همسه وب أسمي
أعيذك واحمي عاشقيني
وب اغفر مهما كان ذنبك
ولامره تلاقيني
ب امِل التوبه واقفلك
بيبان الرحمه وتجيني
ف أقولك لأ مافيش فُرصه
فارقني واتركو لديني
ف سُبحانك وغُفرانك
وعفوك ثُم تأويني
لحولك قوتك وحدك
ولا بعدك ح يحميني

المحتويات

إياك تُسكُن في قلبك
إبتلاء إن انتا مصري
شيخ العرب يا أنا
بيضيع العُمر فيكي
مستني الموت بلهفه
المضيق
من بعد العارف بالدوله
للأجيال اللي جايه
استنوا ماتلعنوش
في الأمتار الأخيره
م الحلم اديني حته
فيه ناس أول سيرتها
ويا رب انتا اللي عالم
الحوار مع مين؟
نُص كيلو وعي يا اسطى
في الشعب ماكانش شله
الأيام اللي جايه
للجوع والإنكسار
مأزوم والأزمه جداً
باينه ف وش الشاويش
مقهور عبد العساكر
أخر 20 جنيه
واحشاني القهوه جداً
والقعده في الحُسين
مايعاير نيش الحرامي
عواد بيبيعك يابهيه
ماوصلتش للحقيقه
ماوصلتش للخلود
العساكر للحراسه
مُش سياسه واقتصاد
في الشعر
أنا شيخ طريقه
الخونه ع المنابر
والساده في السجون
أبرياء دايماً وأبداً
ويابختك يا اللي عندك
صاحب تسند عليه
Fake
أيام ما كُنت طيب

لو حابب حد قول لُه
و انا ماسك في المافيش
جايللك أيام رماده
أبو زيد
أمه بلادينها
طلعت حدوته بايخه
كان نفسي أكون مطقطق
مابين التوبه و التوبه
المحتويات

Don't miss out!

Visit the website below and you can sign up to receive emails whenever طارق التريري publishes a new book. There's no charge and no obligation.

https://books2read.com/r/B-A-KEUT-UELZB

BOOKS2READ

Connecting independent readers to independent writers.

Did you love قُليل لما بشتاقلي Then you should read إبتلاء إن انتا مصري؟
by طارق التريري!

من سلسلة أعمال الشاعر /طارق التريري الـ16 ديوان المنشورة على منصات النشر الإلكتروني

Read more at tarqablog.blogspot.com.

---

1. https://books2read.com/u/mv1z1V

2. https://books2read.com/u/mv1z1V

About the Author

منشوراتي

في بلاد الأي حد

قلبي اللي عشقك

إنفصامستان

وجع القصيده

كُل العساكر كدابين

الصُبح في بلادي

شباكي الفاتح

سُلطان العاشقين

قُليل لما باشتاقلي

دوايرك

دم الحُسين

على باب الله

صباح القُدس

عند باب الحلم

لماكانت مصر دوله

ذكريات الميدان
التُّهمه عربي

Read more at tarqablog.blogspot.com.

www.ingramcontent.com/pod-product-compliance
Lightning Source LLC
Chambersburg PA
CBHW031438130726
47989CB00003B/1189